AF187465

Impressum
Verlag: BABADADA GmbH, Nedderfeld 112 , 22529 Hamburg
Geschäftsführer / Verlagsleitung: Harald Hof
Druck: Books on Demand GmbH, In de Tarpen 42, 22848 Norderstedt

Imprint
Publisher: BABADADA GmbH, Nedderfeld 112 , 22529 Hamburg, Germany
Managing Director / Publishing direction: Harald Hof
Print: Books on Demand GmbH, In de Tarpen 42, 22848 Norderstedt, Germany

escola

المدرسة

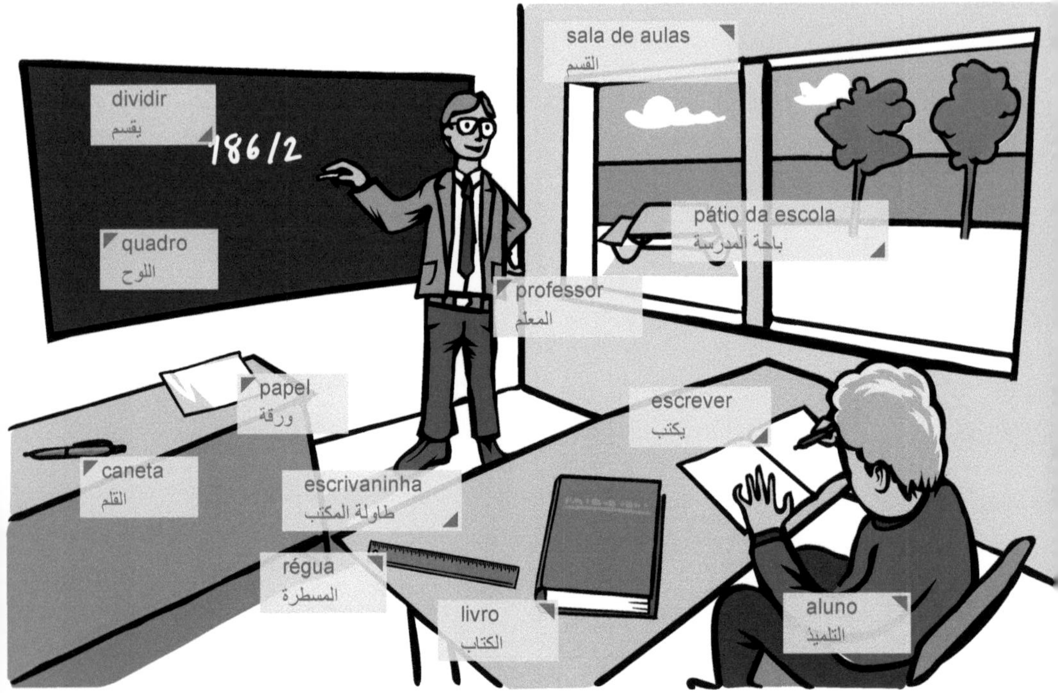
sala de aulas
القسم
dividir
يقسم
186/2
quadro
اللوح
pátio da escola
باحة المدرسة
professor
المعلّم
papel
ورقة
escrever
يكتب
caneta
القلم
escrivaninha
طاولة المكتب
régua
المسطرة
livro
الكتاب
aluno
التلميذ

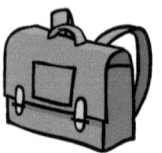

sacola

الحقيبة المدرسية

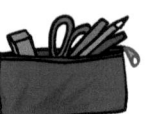

estojo de lápis

المقلمة

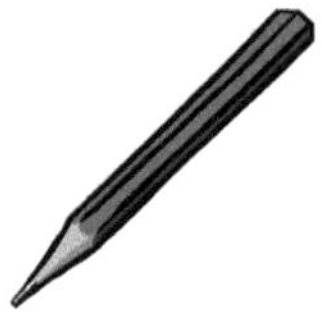

lápis

قلم الرصاص

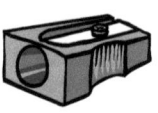

apontador de lápis

البرّاية

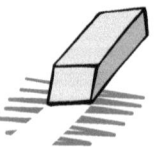

borracha

المِمحاة

bloco de desenho

دفتر الرسم

desenho

الرسمة

pincel

الفرشاة

estojo de tintas

علبة التلوين

tesoura

المقص

cola

المادة اللاصقة

livro de exercícios

دفتر التمارين

lição de casa

الواجب المدرسي

número

الرقم

somar

يجمع

subtrair

يطرح

multiplicar

يضرب

calcular

يحسب

letra

الحرف

alfabeto

الأبجدية

palavra

كلمه

texto

النص

ler

يقرأ

giz

الطبشور

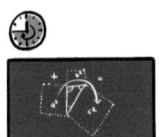

hora

الحصة

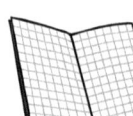

registro da classe

دفتر الدوام المدرسي

exame

الامتحان

certificado

شهادة

uniforme escolar

اللباس المدرسي

educação

التعليم

enciclopédia

الموسوعة

universidade

الجامعة

microscópio

المجهر

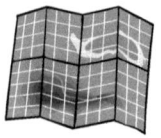

mapa

الخريطة

cesto de lixo

قماما

viagem
سفر

hotel
فندق
Grand
albergue
بيت الشباب
ROOMS
EXCHANGE
casa de câmbio
مكتب صرافة
mala
حقيبة
carro
سيارة

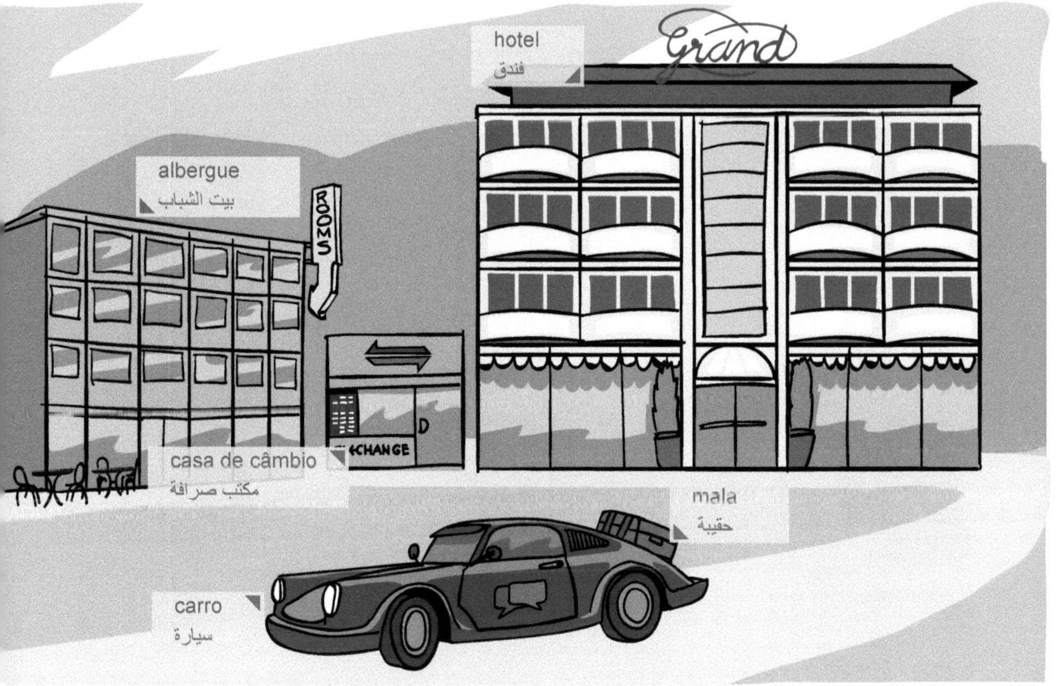

idioma
اللغة

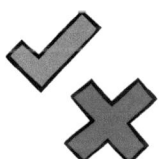

sim / não
نعم / لا

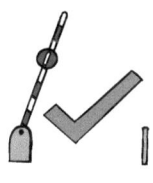

ok
حسناً

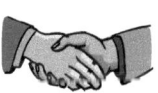

Olá
مرحباً

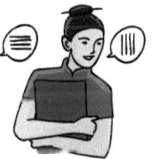

tradutor
مترجم

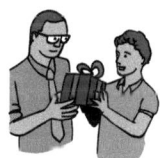

obrigado
شكراً

quanto custa...?

كم ثمن ... ؟

eu não entendo

لا أفهم

problema

مشكلة

boa noite!

مساء الخير

Bom dia!

صباح الخير!

Boa noite!

ليلة سعيدة

até logo

إلى اللقاء

direção

اتجاه

bagagem

أمتعة السفر

bolsa

حقيبة

mochila

حقيبة ظهر

convidado

ضيف

quarto

غرفة

saco de dormir

كيس للنوم

barraca

خيمة

informação turística

استعلامات سياحية

praia

شاطئ

cartão de crédito

بطاقة ائتمان

café da manhã

إفطار

almoço

طعام الغداء

jantar

العشاء

bilhete

بطاقة سفر

elevador

مصعد

selo

طابع بريدي

fronteira

حدود

alfândega

الجمارك

embaixada

سفارة

visto

تأشيرة

passaporte

جواز سفر

transporte

نقل

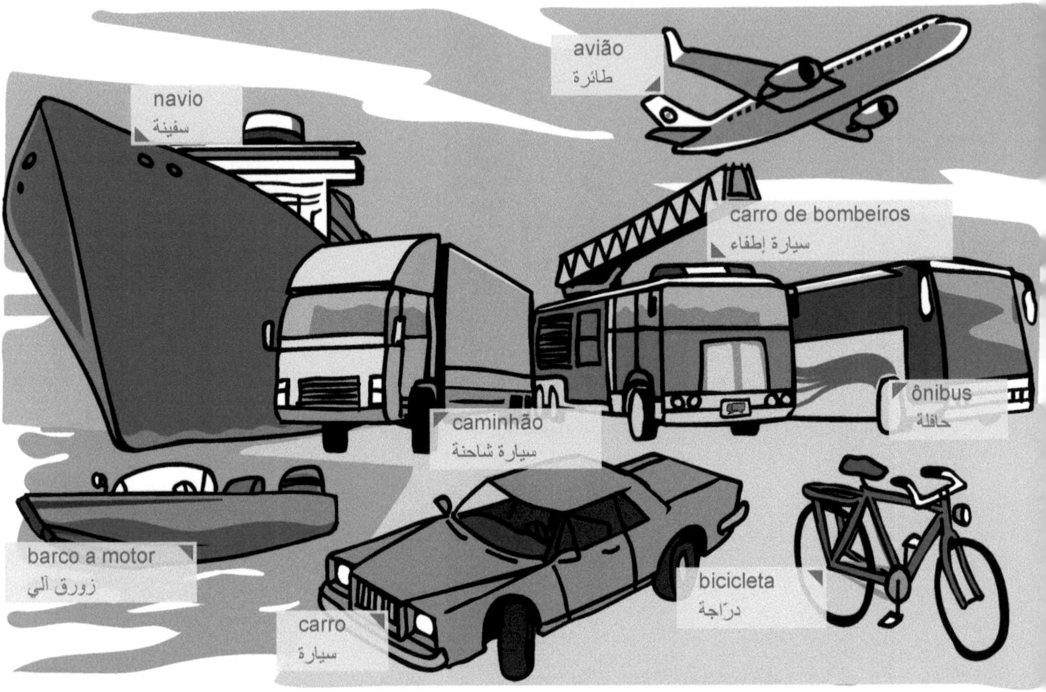

avião
طائرة
navio
سفينة
carro de bombeiros
سيارة إطفاء
ônibus
حافلة
caminhão
سيارة شاحنة
barco a motor
زورق آلي
bicicleta
درّاجة
carro
سيارة

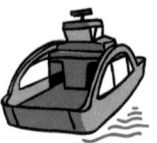

balsa

عبارة

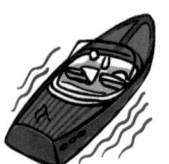

barco

قارب

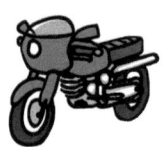

motocicleta

دراجة نارية

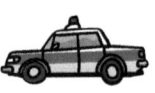

veículo policial

سيارة شرطة

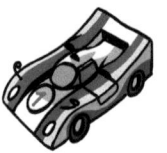

carro de corrida

سيارة سباق

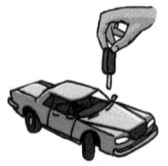

carro de aluguel

سيارة مستأجرة

compartilhamento de automóvel

أسلوب تشاركي في استئجار السيارات

caminhão de reboque

سيارة للجر

caminhão de lixo

سيارة نقل القمامة

motor

محرك

combustível

وقود

posto de gasolina

محطة وقود

placa de trânsito

إشارة مرور

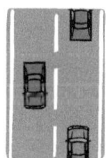

trânsito

حركة السير

trânsito lento

ازدحام سير

estacionamento

موقف سيارات

estação de trem

محطة قطار

trilhos

سكك حديدية

trem

قطار

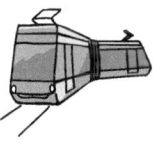

bonde

ترام

vagão

عربه قطار

helicóptero

طائرة مروحية

aeroporto

مطار

torre

برج

passageiro

مسافر

contêiner

حاوية

cartolina

علبة كرتون

carroça

عربة يد

cesto

سلة

decolar / pousar

يقلع / يهبط

cidade

مدينة

vilarejo

قرية

centro da cidade

مركز المدينة

casa

بيت

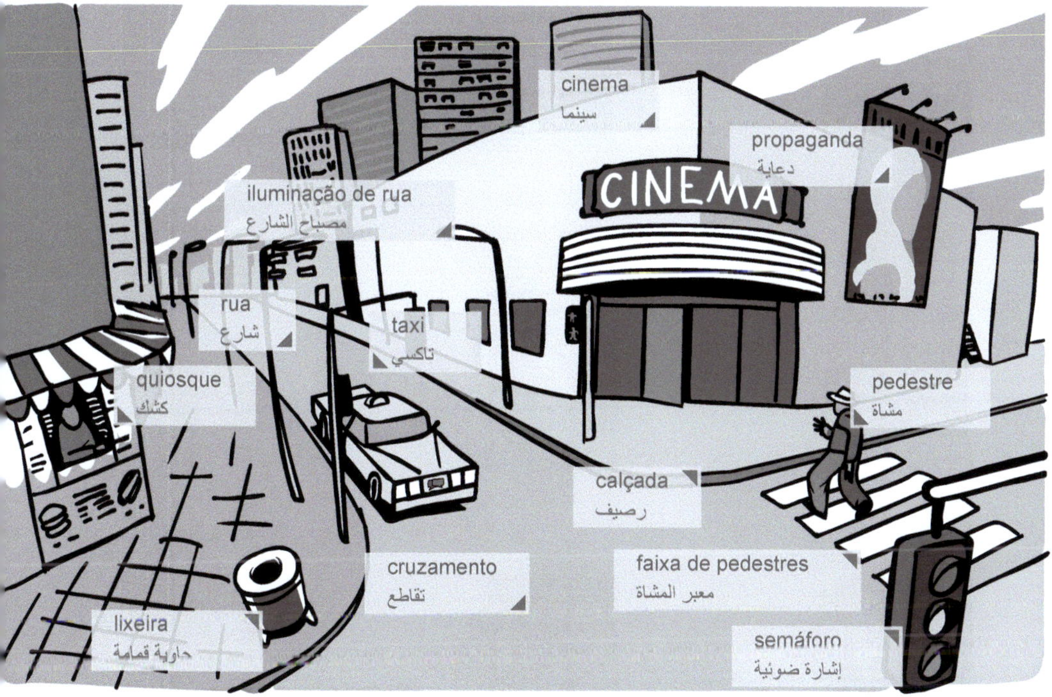

cinema
سينما

propaganda
دعاية

iluminação de rua
مصباح الشارع

CINEMA

rua
شارع

taxi
تاكسي

pedestre
مشاة

quiosque
كشك

calçada
رصيف

cruzamento
تقاطع

faixa de pedestres
معبر المشاة

lixeira
حاوية قمامة

semáforo
إشارة ضوئية

cabana
كوخ

apartamento
شقة

estação de trem
محطة قطار

prefeitura
دار البلدية

museu
متحف

escola
المدرسة

universidade

الجامعة

banco

مصرف

hospital

المستشفى

hotel

فندق

farmácia

صيدلية

escritório

مكتب

livraria

مكتبة

loja

متجر

floricultura

محل لبيع الزهور

supermercado

سوبرماركت

mercado

سوق

loja de departamentos

متجر كبير

peixaria

تاجر السمك

centro comercial

مركز تسوّق

porto

ميناء

parque

حديقة عامة

banco

مقعد

ponte

جسر

escadas

درج، سلم

metrô

مترو

túnel

نفق

ponto de ônibus

موقف حافلات

bar

بار

restaurante

مطعم

caixa de correspondência

صندوق البريد

placa de rua

لافتة باسم الشارع

parquímetro

مقياس زمن الوقوف

zoológico

حديقة حيوانات

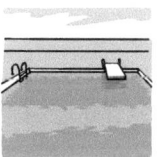

piscina

مسبح

mesquita

مسجد

fazenda

مزرعة

poluição

تلوث البيئة

cemitério

مقبرة

igreja

كنيسة

parquinho

ملعب الأطفال

templo

معبد

paisagem
طبيعة ريفية

folha
ورقة

placa de sinalização
علامة إرشاد

caminho
طريق

gramado
مرج

pedra
حجر

caminhantes
رحالة

árvore
شجرة

rio
نهر

grama
عشب

flor
زهرة

vale

وادٍ

montanha

جبل

lago

بحيرة

floresta

غابة

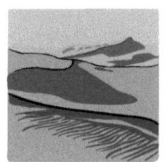

deserto

صحراء

vulcão

بركان

castelo

قلعة

arco-íris

قوس قزح

cogumelo

فِطر

palmeira

نخلة

mosquito

بعوض

mosca

ذبَانة

formiga

نملة

abelha

نحلة

aranha

عنكبوت

besouro

خنفساء

sapo

ضفدعة

esquilo

سنجاب

ouriço

قنفذ

lebre

أرنب

coruja

بومة

pássaro

عصفور

cisne

بجعة

javali

خنزير برّي

veado

غزال

alce

إلكة

barragem

سد

aerogerador

دولاب الطاحونة الهوائية

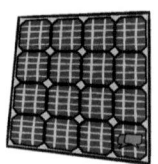

painel solar

خلية شمسية

clima

مناخ

paisagem - طبيعة ريفية

restaurante
مطعم

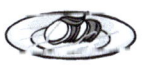

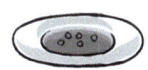

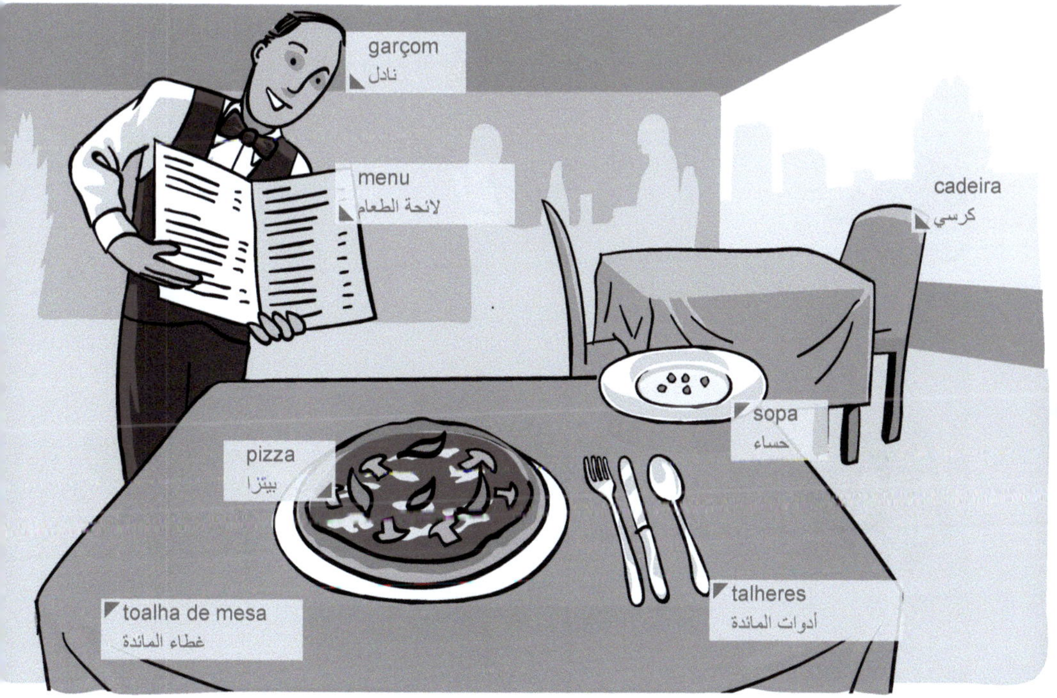
garçom
نادل
menu
لائحة الطعام
cadeira
كرسي
sopa
حساء
pizza
بيتزا
talheres
أدوات المائدة
toalha de mesa
غطاء المائدة

entrada
مقبلات

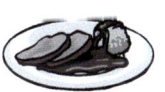

prato principal
الصحن الرئيسي

sobremesa
حلوى أو فاكهة بعد الطعام

bobidas
مشروبات

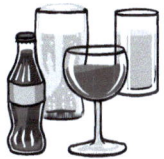

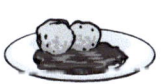

comida
طعام

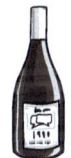

garrafa
زجاجة

fastfood

وجبات سريعة

comida de rua

طعام الشارع

bule de chá

إبريق الشاي

açucareiro

علبة السكر

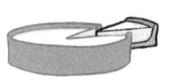

porção

حصّة

máquina de expresso

آلة الإسبريسو

cadeirão

كرسي عالٍ

conta

فاتورة

bandeja

صينية

faca

سكين

garfo

شوكة

colher

ملعقة

colher de chá

ملعقة الشاي

guardanapo

منديل المائدة

copo

كأس

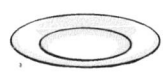

prato

صحن

prato de sopa

صحن الحساء

pires

صحن الفنجان

molho

صلصة

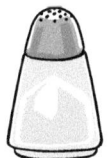

saleiro

مملحة

moedor de pimenta

مطحنة الفلفل

vinagre

خلّ

óleo

زيت الطعام

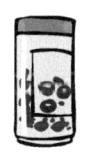

especiarias

توابل

ketchup

كتشاب

mostarda

خردل

maionese

مايونيز

supermercado

سوبرماركت

oferta especial
عرض خاص
FOR
cliente
زبون
laticínios
مشتقات الحليب
frutas
فواكه
carrinho de compras
عربة تسوّق

BUTCHERS

açougue

جزّار

BAKERY

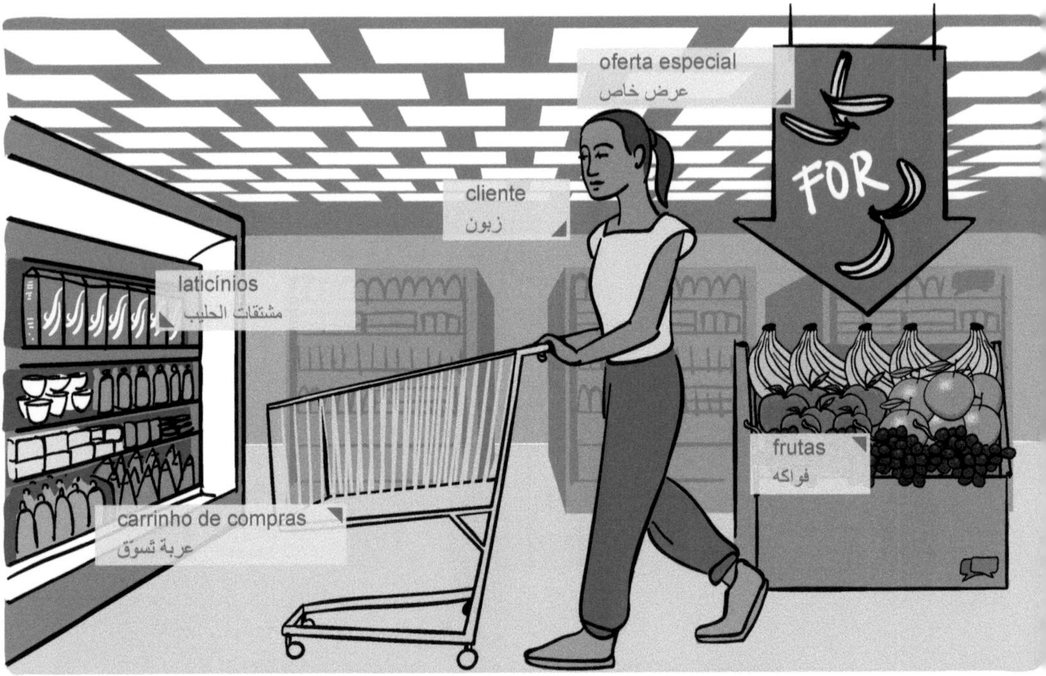

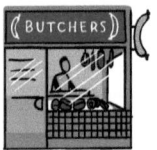

padaria

مخبز

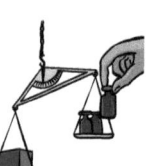

pesar

يزن

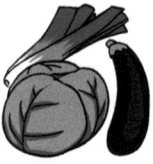

legumes

خضار

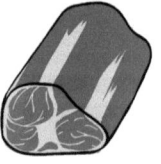

carne

لحم

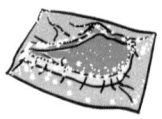

congelados

المأكولات المجمّدة

charcutaria

مرتدلا أو جبن

conservas

معلّبات

detergente em pó

مسحوق الغسيل

doces

حلويات

artigos domésticos

المواد المنزلية

produtos de limpeza

منظّفات

vendedora

بائعة

caixa

صندوق الحساب

caixa

أمين صندوق

lista de compras

قائمة المشتريات

horário de funcionamento

أوقات العمل

carteira

محفظة النقود

cartão de crédito

بطاقة ائتمان

sacola

حقيبة

saco plástico

كيس بلاستيكي

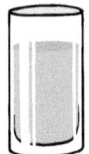

água

ماء

suco

عصير

leite

حليب

coca-cola

كولا

vinho

نبيذ

cerveja

بيرة

álcool

كحول

cacau

كاكاو

chá

شاي

café

قهوة

expresso

قهوة إسبريسو

cappuccino

كابوتشينو

banana

موزة

maçã

تفاح

laranja

برتقال

melão

بطيخ

limão

ليمون

cenoura

جزرة

alho

ثوم

bambu

غيزران

cebola

بصل

cogumelo

فطر

nozes

لوزيات

macarrão

شعيرية

espaguete

سباغيتي

arroz

أرزّ

salada

سلطة

batatas fritas

بطاطا مقلية

batatas frias

بطاطا مقلية

pizza

بيتزا

hambúrger

هامبورغر

sanduíche

ساندويش

escalope

شريحة لحم مقلية

presunto

لحم خنزير

salame

سلامي

salsicha

سجق

galinha

دجاج

assado

لحم محمر

peixe

سمك

flocos de aveia

دقيق الشوفان

granola

موسلي

flocos de milho

كورن فلكس

farinha

طحين

croissant

كرواسان

pãozinho

خبز صغير

pão

خبز

torrada

خبز محمص

biscoitos

بسكويت

manteiga

زبدة

requeijão

لبن زبادي

bolo

كعكة

ovo

بيضه

ovo frito

بيض مقلي

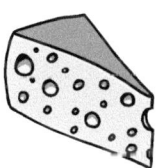

queijo

جبنة

sorvete

مثلجات

açúcar

سكر

mel

عسل

geleia

مربّى الفاكهة

creme de avelãs

كريم النوغا

curry

الكاري

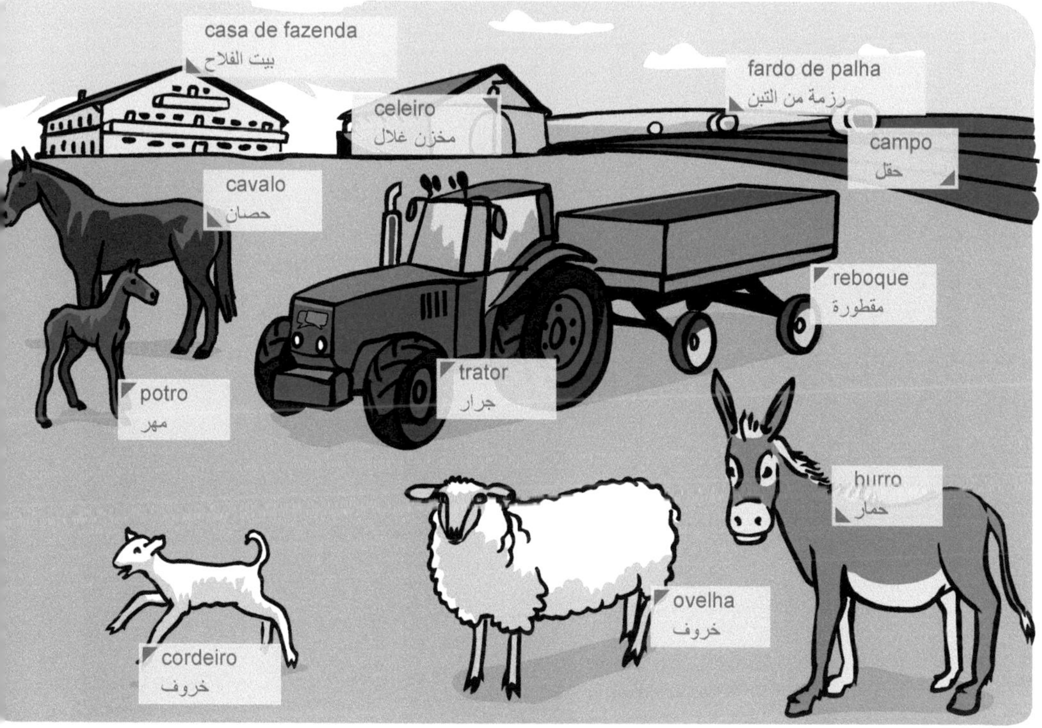

casa de fazenda
بيت الفلاح

celeiro
مخزن غلال

fardo de palha
رزمة من التبن

campo
حقل

cavalo
حصان

reboque
مقطورة

potro
مهر

trator
جرار

hurro
حمار

cordeiro
خروف

ovelha
خروف

cabra

ماعز

vaca

بقرة

bezerro

عجل

poroo

خنزير

leitão

خنزير صغير

touro

ثور

ganso

إوزّة

pato

بطة

pintinho

صوص

galinha

دجاجة

galo

ديك

ratazana

جرذ

gato

قطة

camundongo

فأر

boi

ثور

cachorro

كلب

casinha do cachorro

كوخ الكلب

mangueira de jardim

خرطوم الحديقة

regador

إبريق

foice

منجل

arado

المحراث

foice

منجل

enxada

معزقة

forquilha

مذراة الزبل

machado

بلطة

carrinho de mão

عربة يد

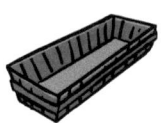

manjedoura

معلف

jarra de leite

صفيحة الحليب

saco

كيس

cerca

سياج

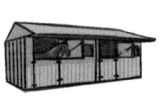

estábulo

اصطبل

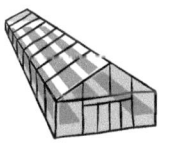

estufa

دفيئة

solo

تربة

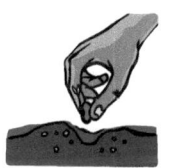

semente

بذور

fertilizante

سماد

colheitadeira

حصّادة درّاسةّ

colher

يحصد

colheita

محصول

inhame

بطاطا يامس

trigo

قمح

soja

صويا

batata

بطاطا

milho

ذرة

colza

سلجم

árvore frutífera

شجرة فاكهة

mandioca

نبات منيهوت

cereais

الحبوب

casa

بيت

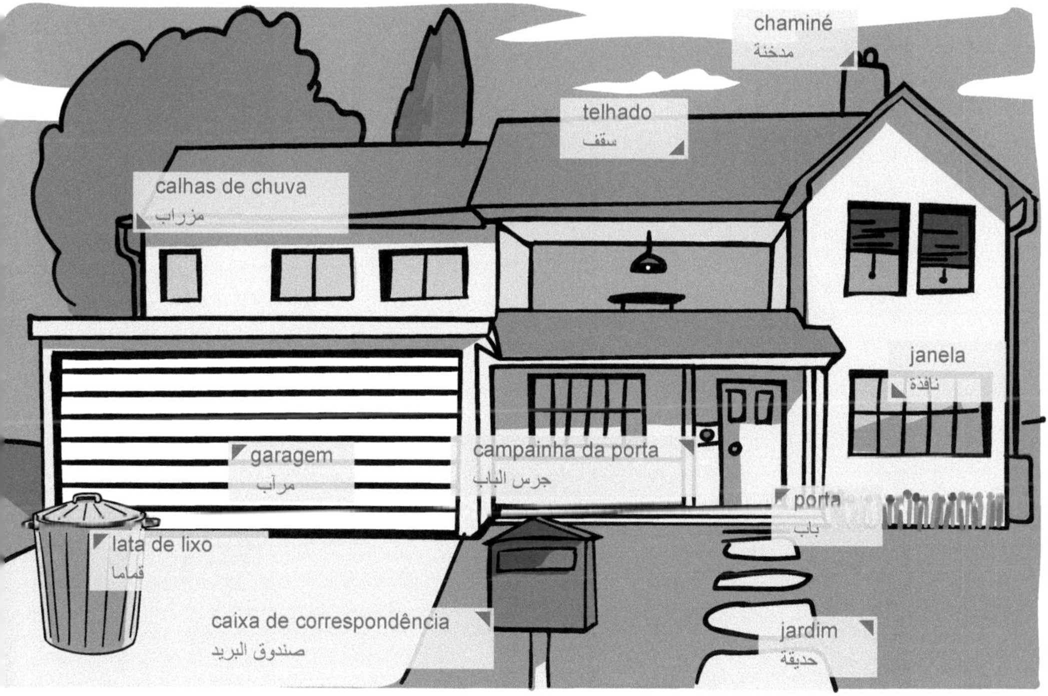
chaminé
مدخنة
telhado
سقف
calhas de chuva
مزراب
janela
نافذة
garagem
مرآب
campainha da porta
جرس الباب
porta
باب
lata de lixo
قماما
caixa de correspondência
صندوق البريد
jardim
حديقة

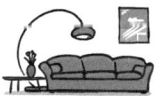

sala de estar

غرفة جلوس

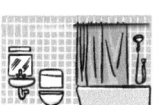

banheiro

الحمّام

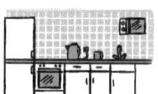

cozinha

مطبخ

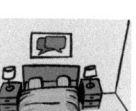

quarto de dormir

غرفة النوم

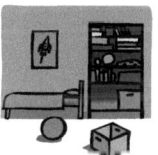

quarto de criança

غرفة الأطفال

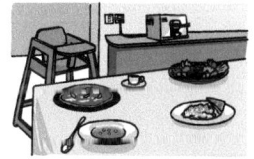

sala de jantar

غرفة الطعام

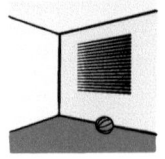

chão

أرضية

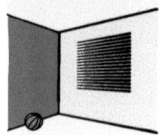

parede

حائط

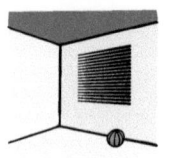

teto

سقف

porão

قبو

sauna

ساونا

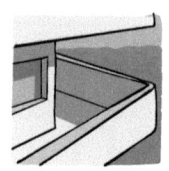

varanda

بلكون

terraço

شرفة

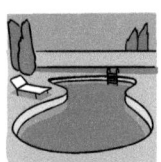

piscina

مسبح

cortador de grama

جزّازة العشب

lençol

بياضات السرير

coberta

بطانية

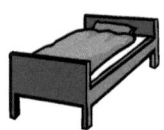

cama

سرير

vassoura

مكنسة

balde

سطل

interruptor

مفتاح كهربائي

sala de estar
غرفة جلوس

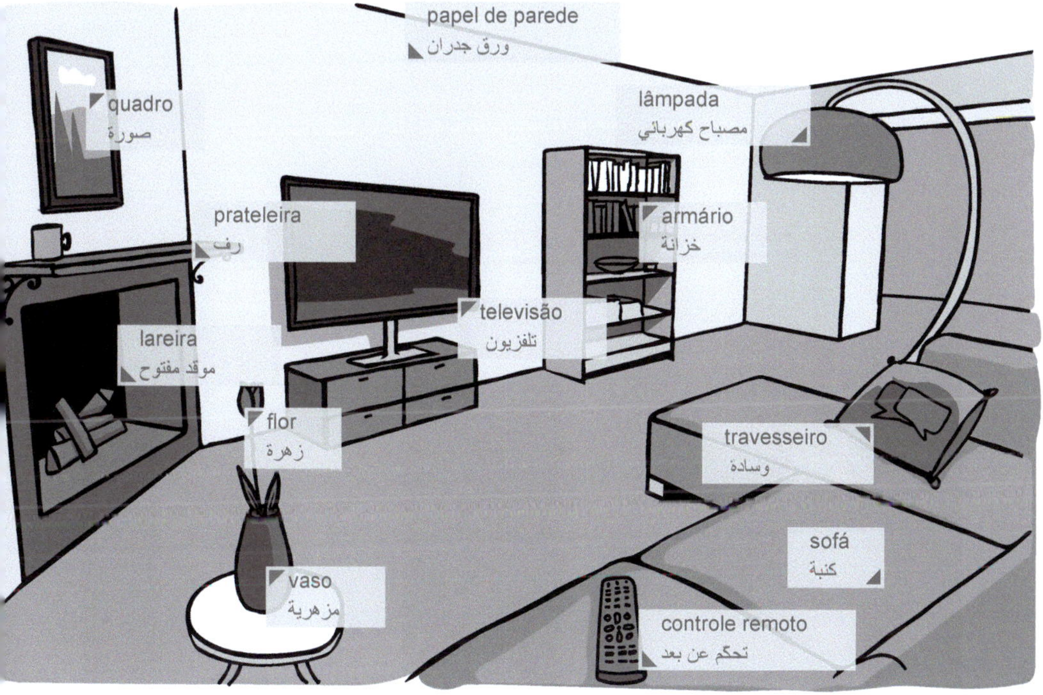
papel de parede
ورق جدران
quadro
صورة
lâmpada
مصباح كهربائي
prateleira
رف
armário
خزانة
televisão
تلفزيون
lareira
موقد مفتوح
flor
زهرة
travesseiro
وسادة
sofá
كنبة
vaso
مزهرية
controle remoto
تحكم عن بعد

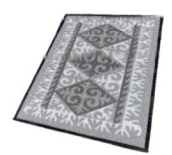

tapete

بصاط

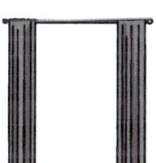

cortina

ستارة

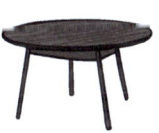

mesa

طاولة

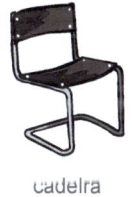

cadeira

كرسي

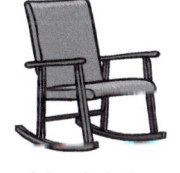

cadeira de balanço

كرسي هزّاز

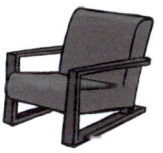

poltrona

كرسي ذو ذراعين

livro

الكتاب

cobertor

بطانية

decoração

زخرفة

lenha

الحطب

filme

فيلم

equipamento de som

تجهيزات ستيريو

chave

مفتاح

jornal

جريدة

pintura

لوحة مرسومة

pôster

مُلصق

rádio

راديو

bloco de notas

دفتر ملاحظات

aspirador

المكنسة الكهربائية

cacto

صبّار

vela

شمعة

cozinha
مطبخ

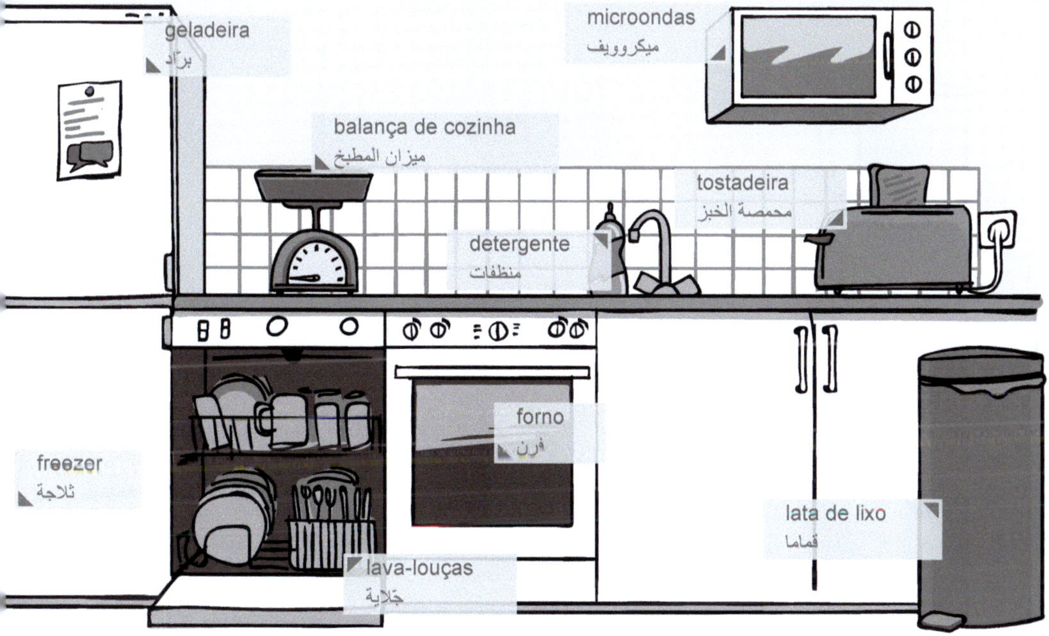
geladeira
برّاد
microondas
ميكروويف
balança de cozinha
ميزان المطبخ
tostadeira
محمصة الخبز
detergente
منظفات
forno
فرن
freezer
ثلاجة
lata de lixo
قماما
lava-louças
جَلاية

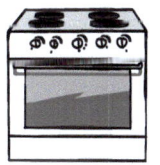

fogão
موقد

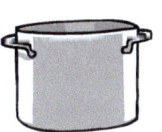

panela
قِدر

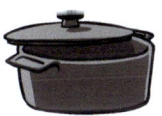

panela de ferro
وعاء من الحديد

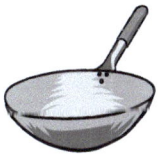

wok / kadai
قدر صيني

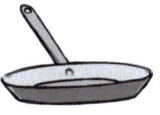

frigideira
مقلاة

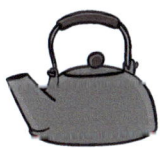

chaleira
غلاية

panela a vapor

قدر البخار

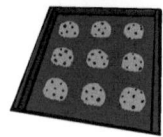

tabuleiro de forno

صينية

louça

أواني

caneca

فنجان

caçarola

صحن

hashi

عيدان الأكل

concha de sopa

مغرفة

espátula

ملعقة منبسطة

batedor

خفاقة

escorredor

مصفاة

peneira

مصفاة

ralador

مبشرة

almofariz

هاون

churrasqueira

شواء

lareira

موقد

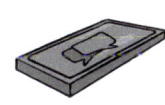

tábua de cortar

لوح التقطيع

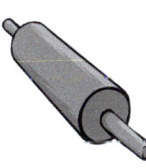

rolo da massa

نشّابة

saca-rolhas

مفتاح الزجاجات

lata

علبة

abridor de latas

مفتاح العلب المعدنية

pegador de panela

قماش الفرن

pia

مجلى

escova

فرشاة

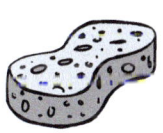

esponja

إسفنج

liquidificador

خلاط

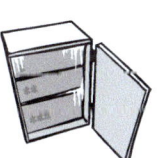

congelador

مجمّدة

mamadeira

زجاجة الطفل

torneira

صنبور الماء

banheiro

الحمّام

aquecimento
تدفئة
toalha
منشفة
ducha
دوش
cortina de chuveiro
ستارة الدوش
banho de espuma
حمام رغوة
banheira
حوض الحمام
copo
كأس
lava-roupa
غسّالة
torneira
صنبور الماء
azulejos
بلاط
penico
قفازات مطاطية
pia
مجلى

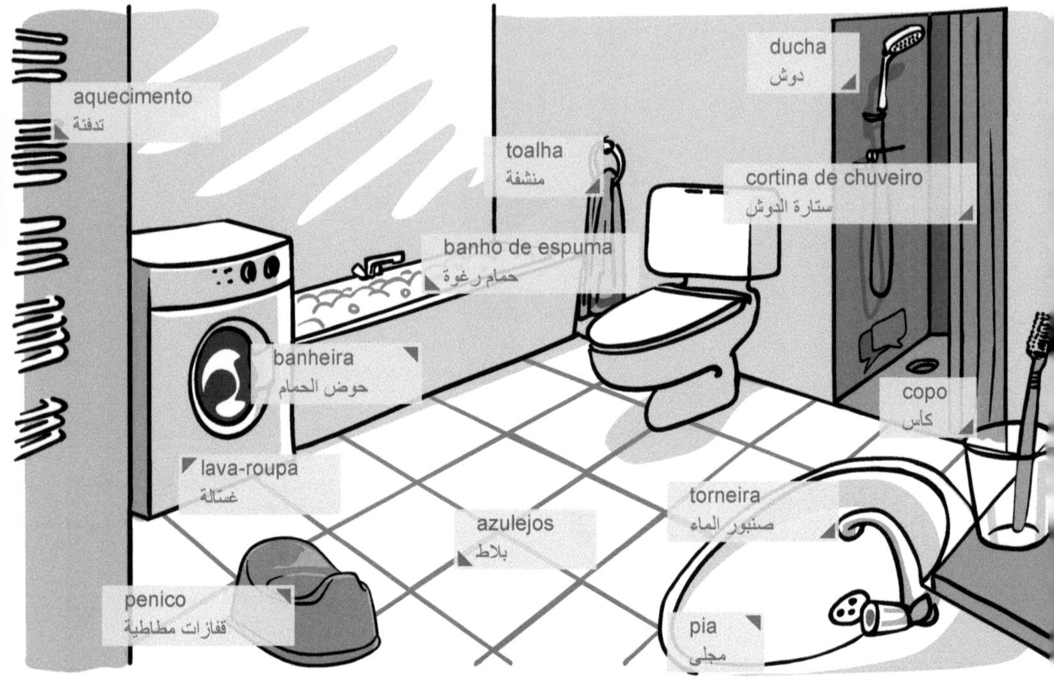

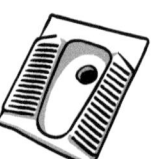

vaso sanitário

حمام

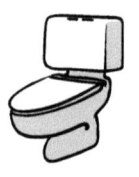

lavabo de agachar

مرحاض القرفصاء

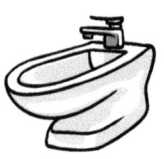

bidê

حوض التشطيف

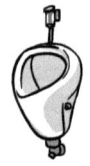

mictório

مبولة

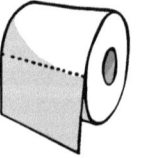

papel higiênico

ورق المرحاض

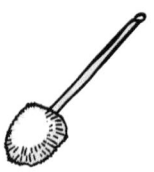

escova de privada

فرشاة الحمام

escova de dentes

فرشاة الأسنان

pasta de dentes

معجون الأسنان

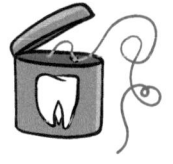

fio dental

خيط حرير لتنظيف الأسنان

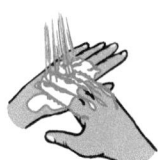

lavar

يغسل

ducha de mão

رشاش ماء يدوي

ducha íntima

شطاف

bacia

حوض الغسيل

escova para as costas

فرشاة الظهر

sabonete

صابون

gel de banho

جيل الدوش

xampu

شامبو

toalha de rosto

ممسحة

escoamento

مصرف للماء

creme

مرهم

desodorante

مزيل الروائح

espelho

مرآة

espelho de mão

مرآة يد

barbeador

موس حلاقة

espuma de barbear

رغوة الحلاقة

loção pós-barba

كولونيا

pente

مشط

escova

فرشاة

secador de cabelo

سشوار

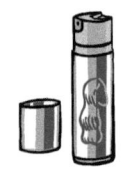

spray de cabelo

مثبت للشعر

maquiagem

ماكياج

batom

روج

esmalte de unhas

طلاء أظافر

algodão

قطن

tesoura para unhas

مقص أظافر

perfume

عطر

nécessaire

سلة الغسيل

banquinho

مقعد صغير

balança

ميزان

roupão de banho

معطف الحمام

luvas de borracha

قفازات مطاطية

absorvente interno

سدادة قطنية

absorvente íntimo

منشفة صحية

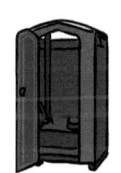

banheiro químico

تواليت كيميائية

quarto de criança

غرفة الأطفال

despertador
منبّه
boneco de pelúcia
الحيوانات المحنطة
carrinho de brinquedo
سيارة لعبة
chacoalho
خشخشة
casa de bonecas
بيت الدمى
presente
هدية

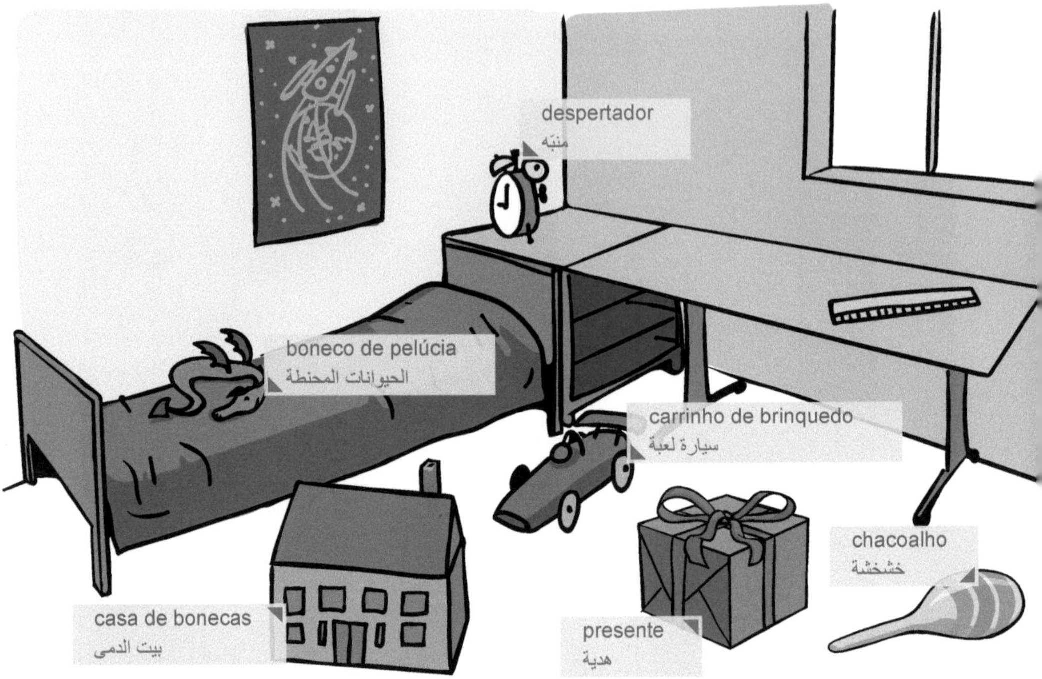

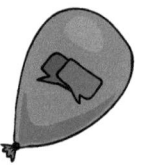

balão

بالون

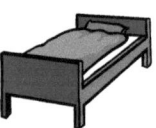

cama

سرير

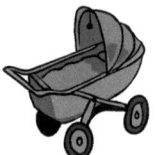

carrinho de bebê

عربة الأطفال

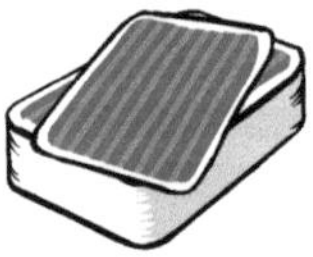

jogo de cartas

لعبة الورق

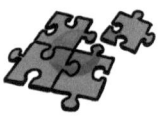

quebra-cabeças

أحجية

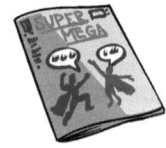

revista de quadrinhos

رسوم هزلية

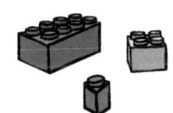

peças de Lego

أحجار الليغو

blocos de construção

حجارة تركيب

figura de ação

دمية بطل

macaquinho de bebê

لباس الطفل

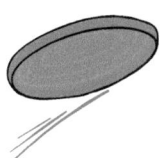

frisbee

فريسبي

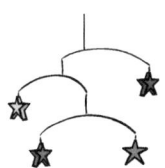

móbile para bebé

دمية معلقة

jogo de tabuleiro

لعبة الطاولة

dados

لعبة النرد

trenzinho elétrico

لعبة قطار

chupeta

مصّاصة

festa

حفلة

livro ilustrado

كتاب مصوّر

bola

كرة

boneca

دمية

brincar

يلعب

caixa de areia

ملعب رملي للأطفال

balanço

أرجوحة

brinquedos

لعبة

videogame

ألعاب فيديو

triciclo

دراجة ثلاثية

ursinho de pelúcia

دمية على شكل الدب

guarda-roupa

خزانة الثياب

vestuário

meias

جوارب قصيرة

meias pelo joelho

جوارب طويلة

meias-calças

جورب بنطلون

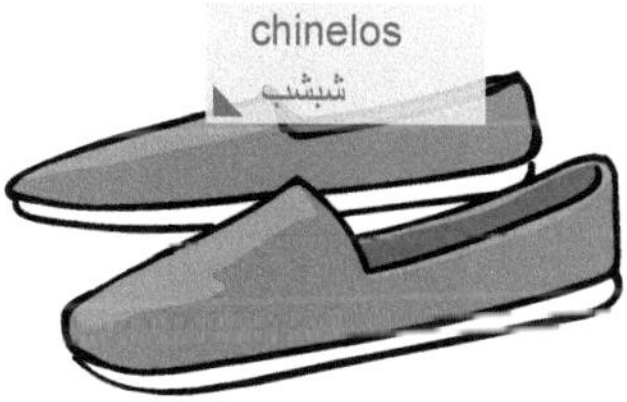

cachecol
شال

guarda-chuva
شمسية

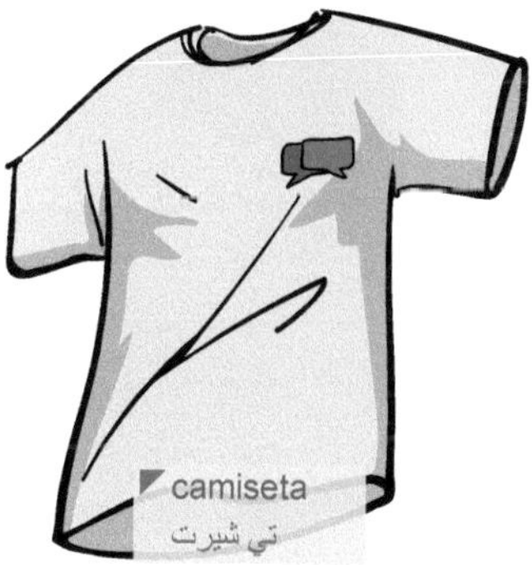

camiseta
تي شيرت

cinto
حزام

botas
حذاء شتوي

chinelos
شبشب

tênis
أحذية رياضية

sandálias
صندل

sapatos
حذاء

botas de borracha
جزمة كاوتشوك

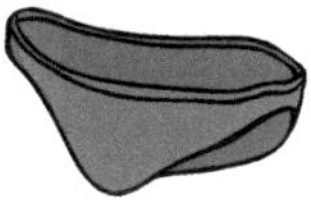

roupa de baixo
سروال داخلي

sutiã
صدّارة

camiseta de baixo
قمبص داخلي

body

لباس ملاصق للجسم

calças

بنطلون

jeans

جينز

saia

تنورة

blusa

بلوزة

camisa

قميص

pulôver

سترة قطنية

suéter com capuz

كنزة كم طويل

blazer

سترة فضفاضة

jaqueta

سترة

casaco

معطف

gabardine

معطف مطري

traje

زي - طقم نسائي

vestido

ثوب

vestido de casamento

ثوب الزفاف

terno

طقم

camisola

قميص نوم

pijama

بيجاما

sari

ساري

lenço de cabeça

حجاب

turbante

عمامة

burca

برقع

cafetã

قفطان

abaya

عباءة

maiô

مايوه

sunga

سروال سباحة

shorts

شرت

roupa de treino

بدلة رياضيه

avental

مئزر

luvas

قفازات

botão

زر

óculos

نظّارة

pulseira

إسوارة

colar

عقد

anel

خاتم

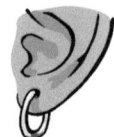

brinco

قرط

boné

طاقيّة

cabide

علاقة ثياب

chapéu

قبّعة

gravata

ربطة العنق

zíper

سحّاب

capacete

خوذة

suspensórios

حمّالة البنطلون

uniforme escolar

اللباس المدرسي

uniforme

زي موحّد

babador

مريلة الأطفال

chupeta

مصّاصة

fralda

لفافة

escritório

مكتب

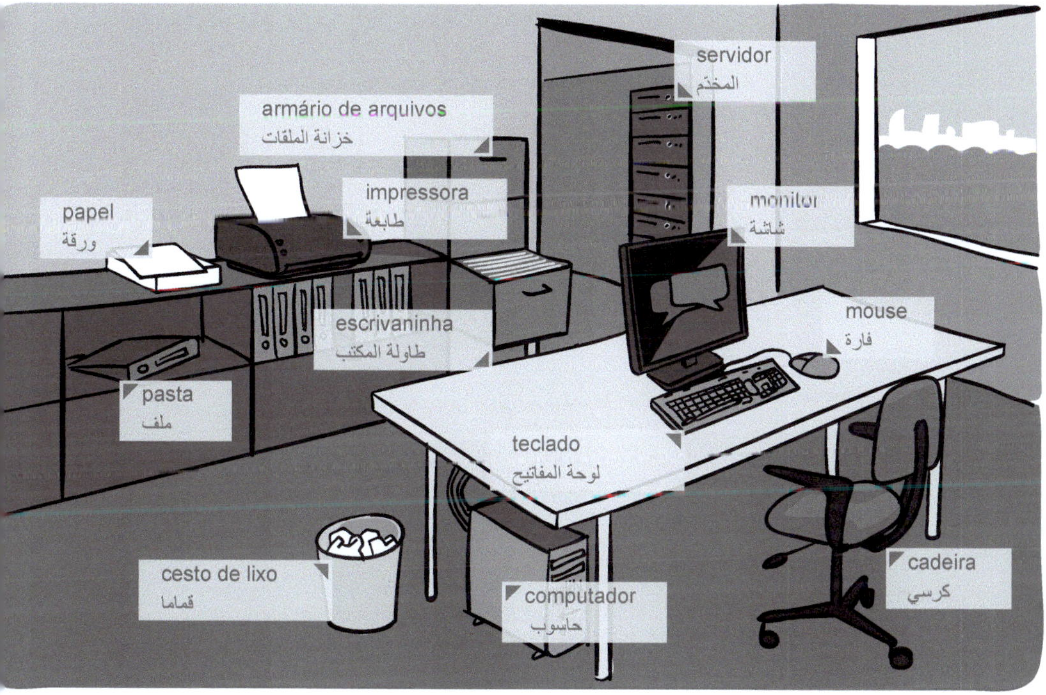

servidor

المخدّم

armário de arquivos

خزانة الملفات

impressora

طابعة

papel

ورقة

monitor

شاشة

mouse

فارة

escrivaninha

طاولة المكتب

pasta

ملف

teclado

لوحة المفاتيح

cesto de lixo

قماما

computador

حاسوب

cadeira

كرسي

xícara de café

كأس من القهوة

calculadora

الآلة الحاسبة

internet

الإنترنت

laptop

الحاسوب المحمول

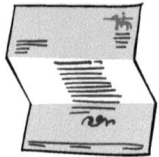

carta

رسالة

mensagem

خبر

celular

الهاتف المحمول

rede

شبكة

copiadora

جهاز تصوير

software

البرمجيات

telefone

هاتف

tomada

مقبس كهربائي

fax

فاكس

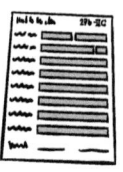

formulário

استمارة

documento

وثيقة

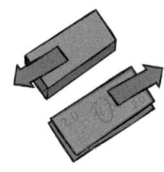

comprar

يشتري

pagar

يدفع

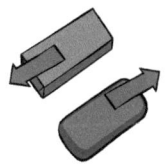

negociar

يتاجر

dinheiro

مال

Dólar

دولار

Euro

يورو

Yen

ين

rublo

روبل

franco suíço

فرنك سويسري

renminbi yuan

يوان

rupia

روبية

caixa eletrônico

صرّاف آلي

casa de câmbio

مكتب صرافة

ouro

ذهب

prata

فضة

petróleo

نفط

energia

طاقة

preço

سعر

contrato

عقد

imposto

ضريبة

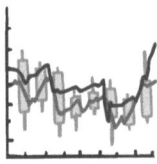

ação

سهم

trabalhar

يعمل

empregado

موظف

empregador

رب العمل

fábrica

مصنع

loja

متجر

policial
الشرطي

bombeiro
رجل إطفاء

cozinheiro
طبّاخ

médico
الطبيب

píloto
طيّار

jardineiro

بستاني

marceneiro

نجّار

costureira

خيّاطة

juiz

قاض

químico

كيميائي

ator

ممثّل

motorista de ônibus

سائق حافلة

motorista de táxi

سائق تاكسي

pescador

صياد سمك

faxineira

أجيرة للتنظيف

telhador

بنّاء سقف

garçom

نادل

caçador

صيّاد

pintor

رسّام

padeiro

خبّاز

eletricista

كهربائي

construtor

عامل بناء

engenheiro

مهندس

açougueiro

لحّام

encanador

سمكري

carteiro

ساعي البريد

soldado

جندي

arquiteto

مهندس معماري

caixa

أمين صندوق

florista

بائع الزهور

cabelereiro

حلاق

condutor

مراقب القطار

mecânico

ميكانيكي

capitão

قبطان

dentista

طبيب أسنان

cientista

رجل العلم

rabino

حاخام

imam

إمام

monge

راهب

pastor

كاهن

ferramentas
عدة عمل

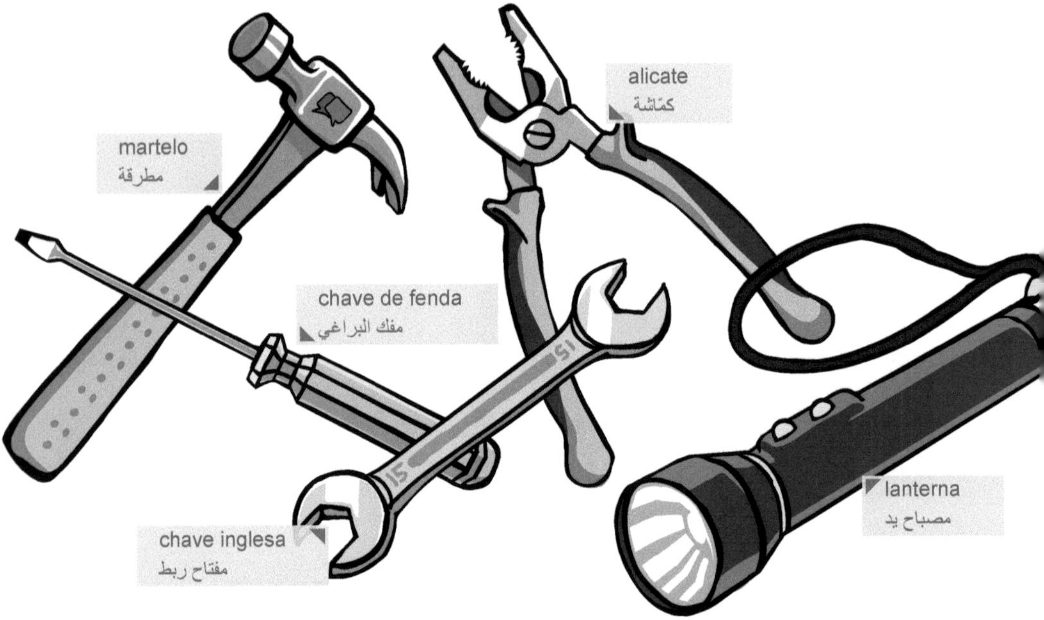

martelo
مطرقة
alicate
كمّاشة
chave de fenda
مفك البراغي
chave inglesa
مفتاح ربط
lanterna
مصباح يد

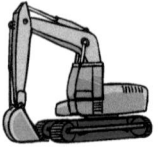

escavadora

جرافة

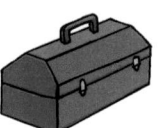

caixa de ferramentas

صندوق العدة

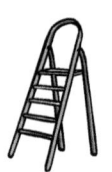

escada de mão

سلّم

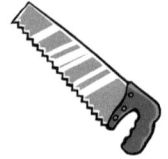

serra

منشار

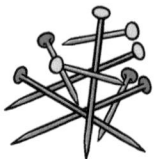

pregos

مسامير

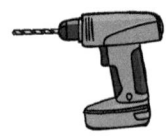

furadeira

مثقب

consertar

يصلح

pá

مجرفة

Droga!

اللعنة

pá de lixo

لقاطة الكناسة

pote de tinta

سطل الألوان

parafusos

براغي

instrumentos musicais

آلات موسيقية

alto-falante
مكبر الصوت

bateria
آلات الإيقاع

guitarra
غيتار

contrabaixo
كمان أجهر

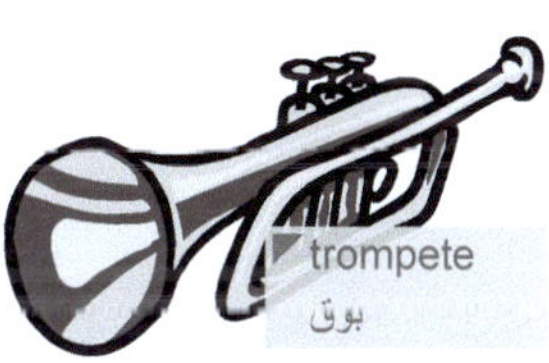

trompete
بوق

piano

بيانو

violino

كمنجة

baixo

جهير

timbales

طبل كبير

tambor

طبل

teclado

بيانو كهرباني

saxofone

ساكسوفون

flauta

ناي

microfone

ميكروفون

zoológico
حديقة حيوانات

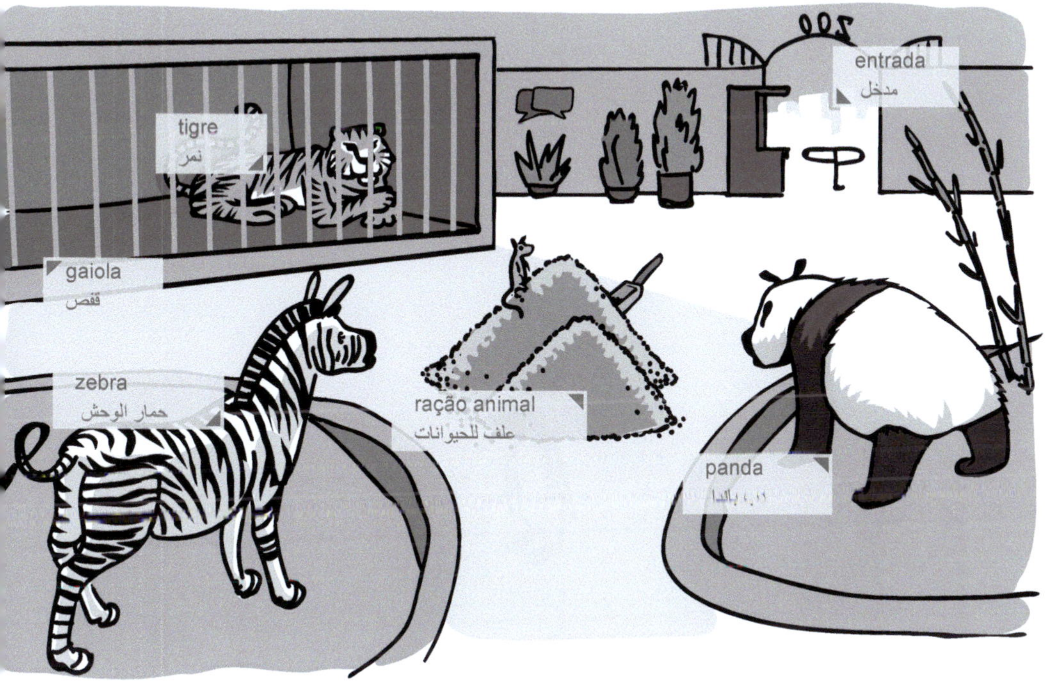

entrada
مدخل
tigre
نمر
gaiola
قفص
zebra
حمار الوحش
ração animal
علف للحيوانات
panda
باندا

animais

حيوانات

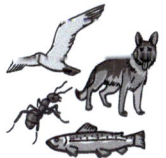

elefante

فيل

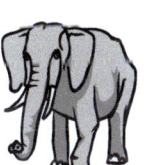

canguru

كنغر

rinocoronte

وحيد القرن

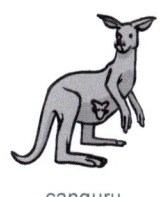

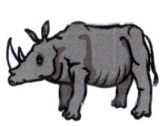

gorila

غوريلا

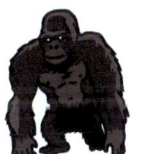

urso

دب

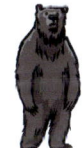

camelo

جمل

avestruz

نعامة

leão

أسد

macaco

قرد

flamingo

طائر فلامينغو

papagaio

ببغاء

urso polar

دب قطبي

pinguim

بطريق

tubarão

سمك القرش

pavão

طاووس

cobra

أفعى

crocodilo

تمساح

guarda do zoológico

حارس في حديقة الحيوان

foca

عجل البحر

jaguar

نمر أمريكي مرقط

pônei

فرس قزم

leopardo

نمر

hipopótamo

فرس النهر

girafa

زرافة

águia

نسر

javali

خنزير برّي

peixe

سمك

tartaruga

سلحفاة

morsa

حيوان فظ البحري

raposa

ثعلب

gazela

غزال

futebol americano
كرة القدم الأمريكية

ciclismo
ركوب الدراجات

tênis
كرة التنس

basquete
كرة السلة

natação
السباحة

hóquei no gelo
هوكي الجليد

boxe
الملاكمة

futebol

كرة القدم

badminton

الريشة الطائرة

atletismo

ألعاب القوى الخفيفة

handebol

كرة اليد

esqui

التزلج على الثلج

polo

بولو

atividades
نشاطات

rir
يضحك
pular
يقفز
abraçar
يعانق
andar
يمشي
cantar
يغنّي
sonhar
يحلم
rezar
يصلّي
beijar
يقبل

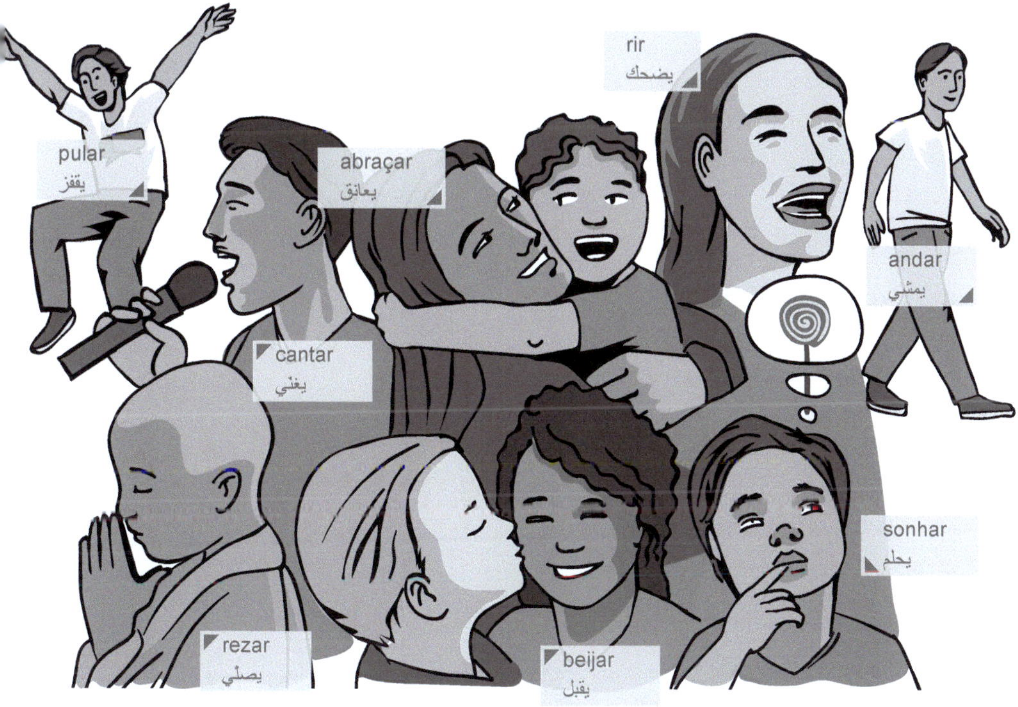

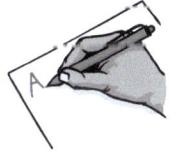

escrever

يكتب

desenhar

يرسم

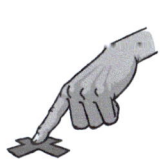

mostrar

يُري

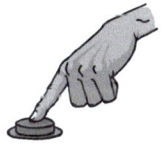

empurrar

يدفع

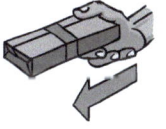

dar

يعطي

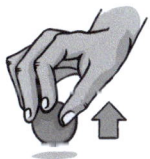

tomar

يأخذ

ter

يملك

fazer

يعمل

ser

يوجد

ficar de pé

يقف

correr

يركض

puxar

يسحب

jogar

يرمي

cair

يقع

deitar

يستلقي

esperar

ينتظر

carregar

يحمل

sentar

يجلس

vestir

يلبس

dormir

ينام

despertar

يستيقظ

olhar para

ينظر إلى ..

chorar

يبكي

acariciar

يمسّد

pentear

يمشّط

falar

يتكلم

entender

يفهم

perguntar

يسأل

ouvir

يسمع

beber

يشرب

comer

ياكل

arrumar

يرتب

amar

يحب

cozinhar

يطبخ

dirigir

يقود

voar

يطير

velejar

يبحر بزورق شراعي

calcular

يحسب

ler

يقرأ

aprender

يتعلم

trabalhar

يعمل

casar

يتزوج

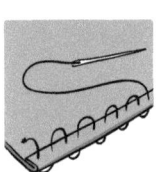

costurar

يخيط

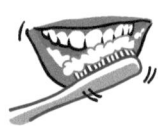

escovar os dentes

ينظف أسنانه

matar

يقتّل

fumar

يدخّن

enviar

يرسل

família
عائلة

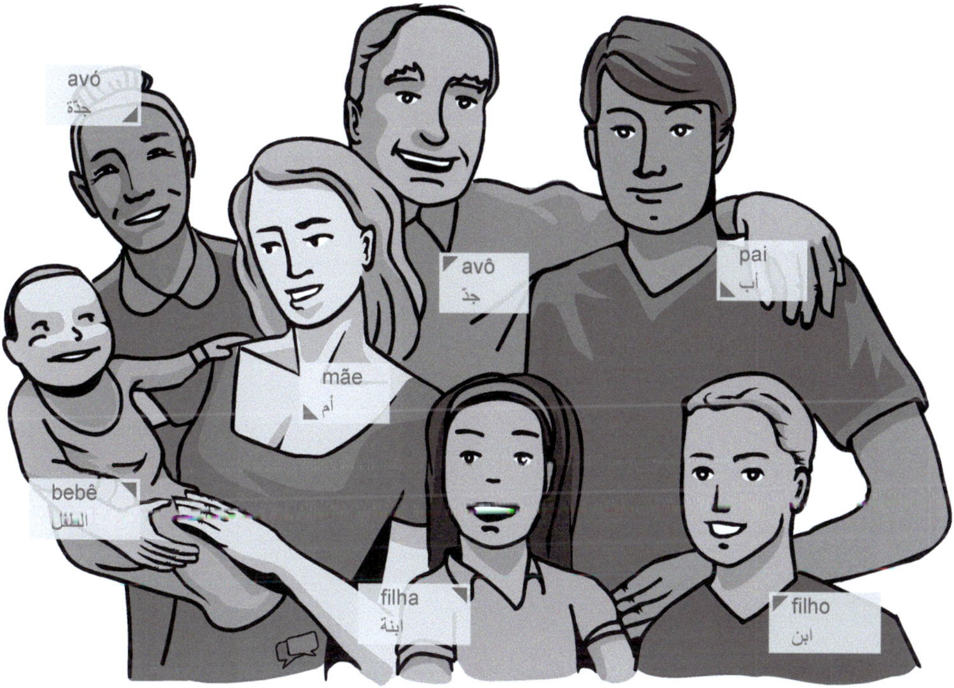
avó
جدّة
avô
جدّ
pai
أب
mãe
أم
bebê
الطفل
filha
ابنة
filho
ابن

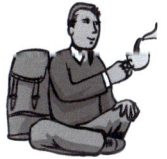

convidado

ضيف

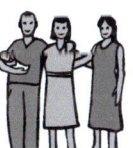

tia

عمّة / خالة

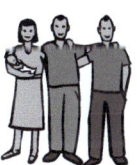

tio

عمّ / خال

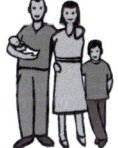

irmão

أخ

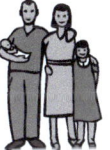

irmã

أخت

corpo

الجسم

testa
الجبين
olho
العين
ombro
الكتف
dedo
الإصبع
rosto
الوجه
queixo
الذقن
mão
اليد
perna
الساق
peito
الصدر
braço
الذراع

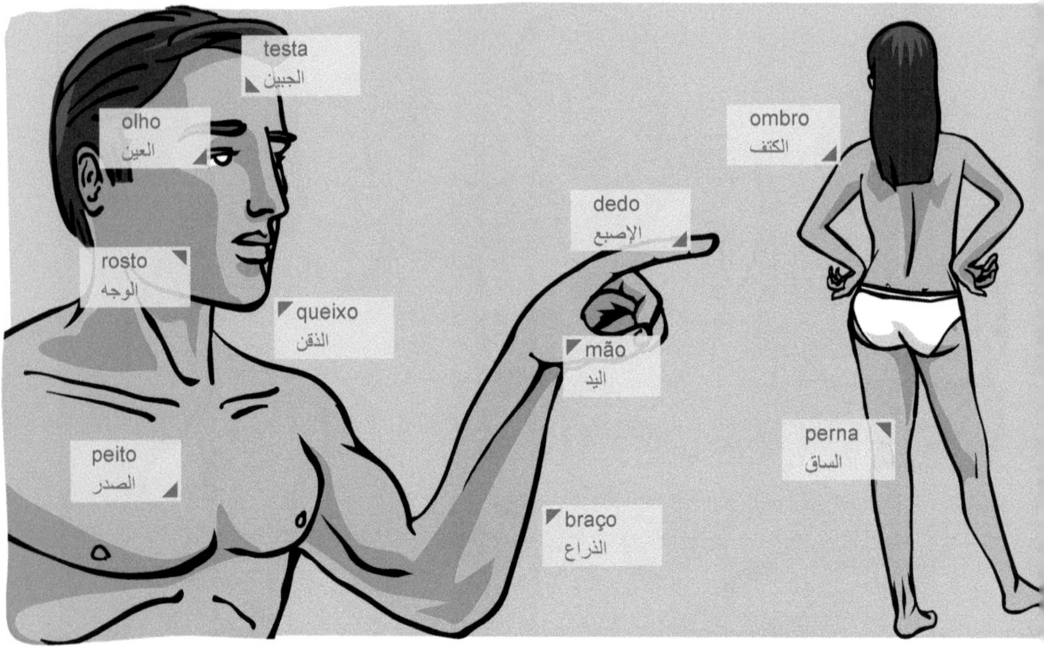

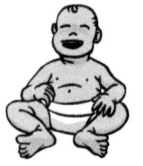

bebê
الطفل

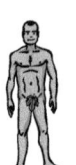

homem
الرجل

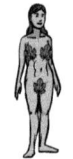

mulher
المرأة

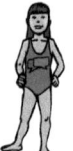

menina
البنت

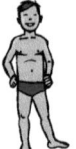

menino
الولد

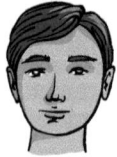

cabeça
الرأس

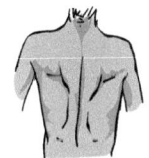

costas

الظهر

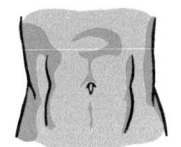

barriga

البطن

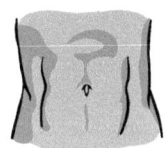

umbigo

السرّة

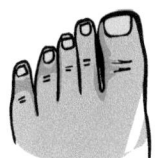

dedo do pé

إصبع القدم

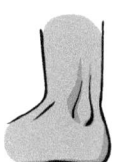

calcanhar

الكعب

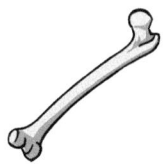

osso

العظم

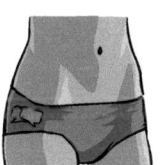

anca

الورك

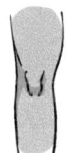

joelho

الركبة

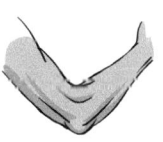

cotovelo

المرفق

nariz

الأنف

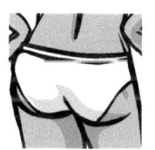

nádegas

العَجُز

pele

البشرة

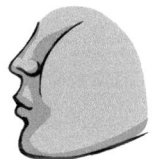

bochecha

الخد

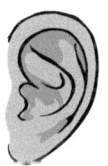

orelha

الأذن

lábio

الشفة

boca

الفم

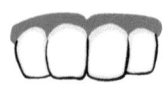

dente

السن

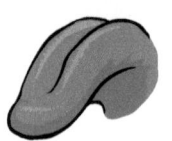

língua

اللسان

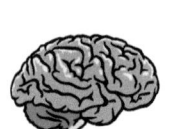

cérebro

الدماغ

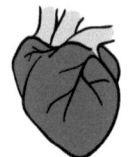

coração

القلب

músculo

العضلة

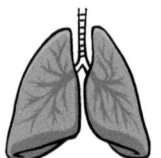

pulmão

الرئة

fígado

الكبد

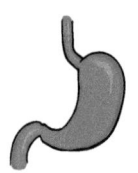

estômago

المعدة

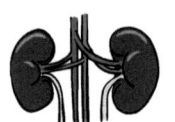

rins

الكلى

relações sexuais

الاتصال الجنسي

preservativo

الواقي المطاطي

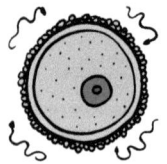

óvulo

البويضة

esperma

المنيّ

gravidez

الحمل

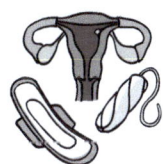

menstruação

الحيض

vagina

المهبل

pênis

القضيب

sobrancelha

الحاجب

cabelo

الشعر

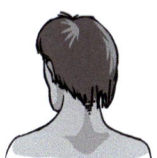

pescoço

الرقبة

hospital
المستشفى

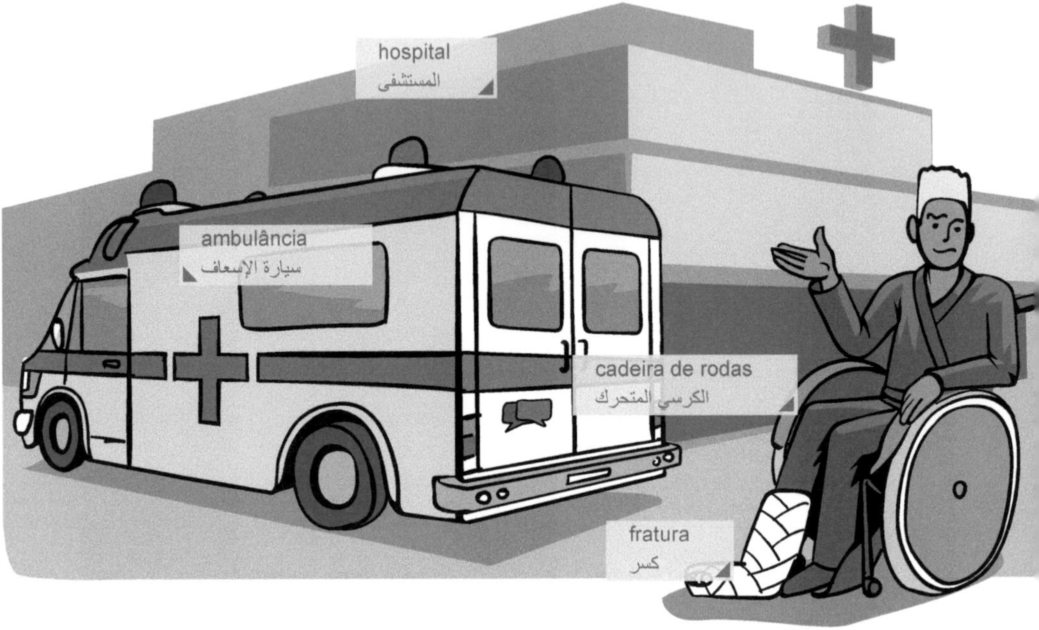

hospital
المستشفى
ambulância
سيارة الإسعاف
cadeira de rodas
الكرسي المتحرك
fratura
كسر

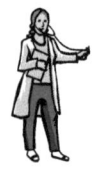

médico
الطبيب

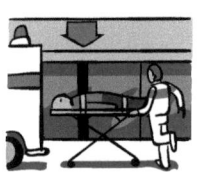

pronto-socorro
غرفة الإسعاف

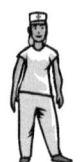

enfermeira
الممرضة

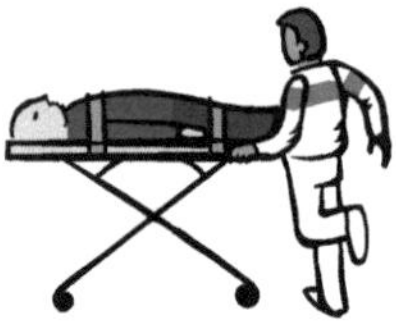

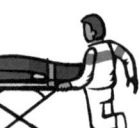

emergência
حالة

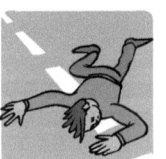

inconsciente
مغمى عليه

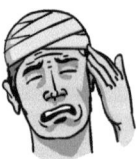

dor
الألم

ferimento

إصابة

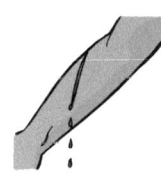

hemorragia

النزيف

ataque cardíaco

احتشاء القلب

acidente vacular cerebral

جلطة

alergia

حسسية

tosse

السعال

febre

الحُمَّى

gripe

إنفلونزا

diarreia

الإسهال

dor de cabeça

وجع الرأس

câncer

السرطان

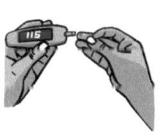

diabetes

مرض السكر

cirurgião

جرّاح

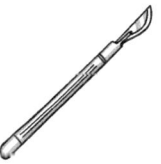

bisturi

مبضع

operação

عملية

CT

سيتي سكان

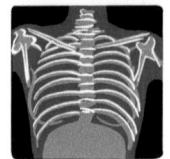

raio x

الأشعة السينية

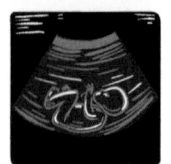

ultrassom

فوق الصوتي

máscara

القناع

doença

المرض

sala de espera

غرفة الانتظار

muleta

العُكاز

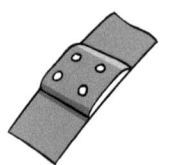

bandeide

شريط لاصق

ligadura

ضماد

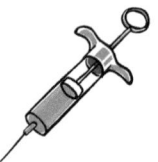

injeção

حقنة

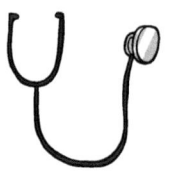

estetoscópio

سمّاعة الطبيب

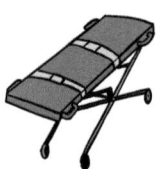

maca

نقالة

termômetro

ميزان حرارة

nascimento

ولادة

excesso de peso

وزن زائد

aparelho auditivo

جهاز السمع

desinfetante

المواد المعقمة

infecção

عدوى

vírus

فيروس

HIV / AIDS

الإيدز

medicamento

الطب

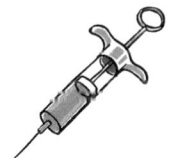

vacinação

اللقاح

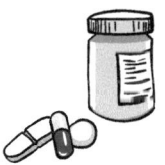

comprimidos

أقراص الدواء

pílula

حبّة الدواء

chamada de emergência

نداء النجدة

dispositivo de medição de
pressão arterial

مقياس ضغط الدم

doente / saudável

مريض / صحيح

Socorro!

النجدة!

alarme

إنذار

assalto

اعتداء

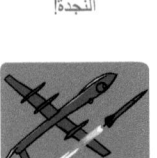

ataque

هجوم

perigo

خطر

saída de emergência

مخرج طوارئ

Fogo!

حريق!

extintor de incêndios

جهاز الإطفاء

acidente

حادث

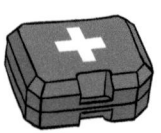

maleta de primeiros socorros

حقيبة الإسعاف الأولي

SOS

أنقذونا

polícia

الشرطة

Europa

أوروبا

América do Norte

أمريكا الشمالية

América do Sul

أمريكا الجنوبية

África

أفريقيا

Ásia

آسيا

Austrália

أستراليا

Atlântico

المحيط الأطلسي

Pacífico

المحيط الهادي

Oceano Índico

المحيط الهندي

Oceano Antártico

المحيط المتجمد الجنوبي

Oceano Ártico

المحيط المتجمد الشمالي

Polo Norte

القطب الشمالي

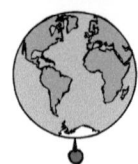

Polo Sul

القطب الجنوبي

Antártica

منطقة القطب الجنوبي

Terra

أرض

terra

بر

mar

بحر

ilha

جزيرة

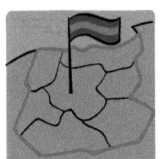

nação

أمة

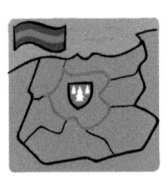

estado

دولة

mostrador do relógio

ميناء الساعة

ponteiro das horas

عقرب الساعات

ponteiro dos minutos

عقرب الدقائق

ponteiro dos segundos

عقرب الثوالي

Que horas são?

كم الساعة الآن؟

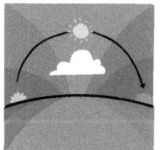

dia

يوم

tempo

زمن

agora

الآن

relógio digital

ساعة رقميه

minuto

دقيقة

hora

ساعة

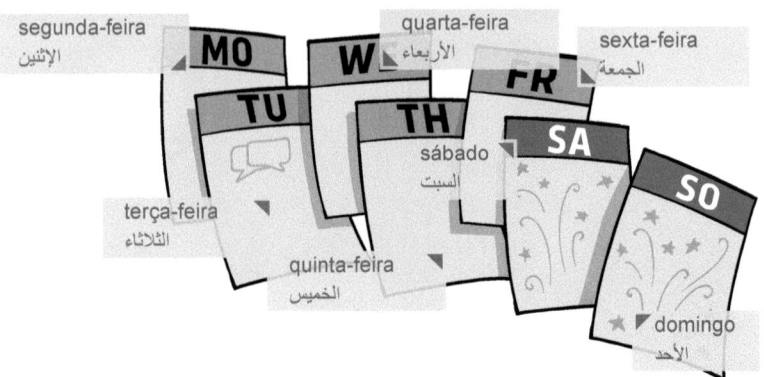

segunda-feira
الإثنين

quarta-feira
الأربعاء

sexta-feira
الجمعة

terça-feira
الثلاثاء

quinta-feira
الخميس

sábado
السبت

domingo
الأحد

ontem

الأمس

hoje

اليوم

amanhã

غداً

manhã

الصباح

meio-dia

الظهر

entardecer

المساء

MO	TU	WE	TH	FR	SA	SU
1	2	3	4	5	6	7
8	9	10	11	12	13	14
15	16	17	18	19	20	21
22	23	24	25	26	27	28
29	30	31	1	2	3	4

dias úteis

أيام العمل

MO	TU	WE	TH	FR	SA	SU
1	2	3	4	5	6	7
8	9	10	11	12	13	14
15	16	17	18	19	20	21
22	23	24	25	26	27	28
29	30	31	1	2	3	4

fim de semana

نهاية الأسبوع

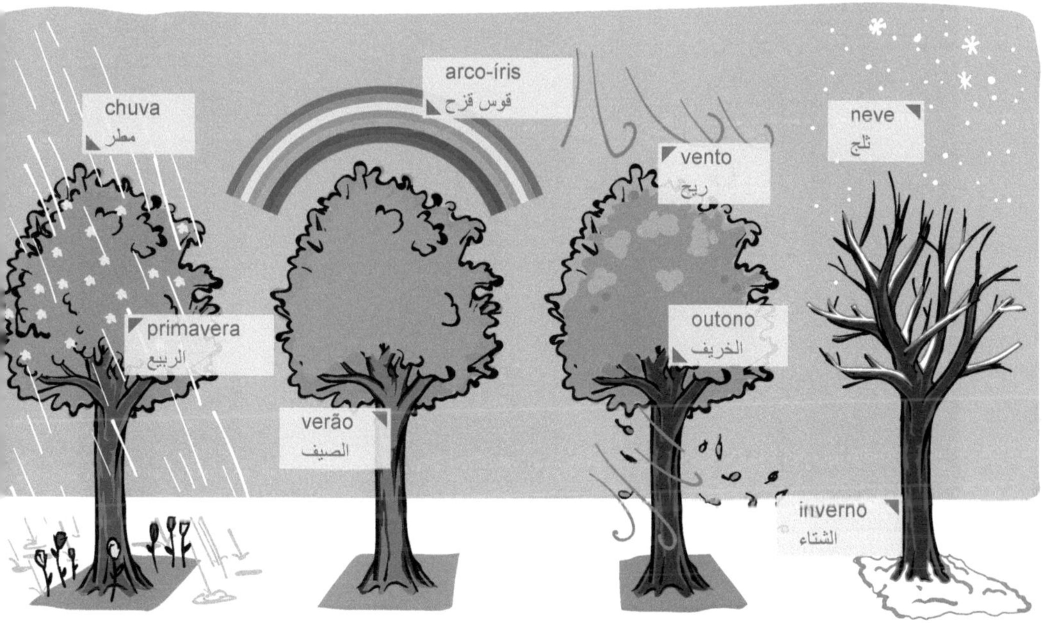

chuva
مطر
arco-íris
قوس قزح
neve
ثلج
vento
ريح
primavera
الربيع
outono
الخريف
verão
الصيف
inverno
الشتاء

4.APRIL 11°
5.APRIL 4°
6.APRIL 13°
7.APRIL 8°
8.APRIL 10°

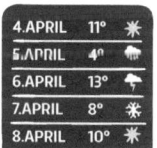

previsão do tempo

التنبؤ بالحالة الجوية

F C
120 40
90 30
60 20
30 10
0 0
-30 -10
-20

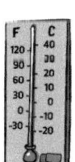

termômetro

مقياس حرارة

raio de sol

ضوء الشمس

nuvem

سحابة

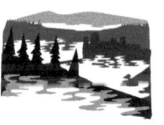

neblina / nevoeiro

ضباب

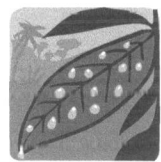

umidade do ar

رطوبة الجو

relâmpago

برق

trovão

رعد

tempestade

عاصفة

granizo

بَرَد

monção

ريح موسمية

inundação

طوفان

gelo

جليد

janeiro

كانون الثاني / يناير

fevereiro

شباط / فبراير

março

آذار / مارس

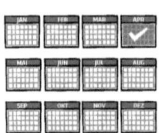

abril

نيسان / أبريل

maio

أيار / مايو

junho

حزيران / يونيو

julho

تموز / يوليو

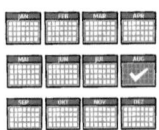

agosto

آب / أغسطس

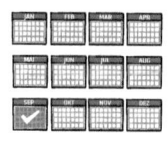

setembro
....
أيلول / سبتمبر

outubro
....
تشرين الأول / أكتوبر

novembro
....
تشرين الثاني / نوفمبر

dezembro
....
كانون الأول / ديسمبر

formas

أشكال

círculo
....
دائرة

quadrado
....
مربّع

rctângulo
....
مستطيل

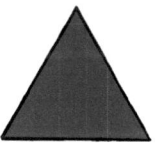

triângulo
....
مثلث

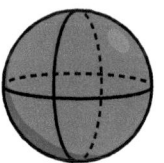

esfera
....
كرة

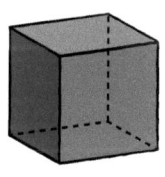

cubo
....
مكعب

branco

أبيض

amarelo

أصفر

laranja

برتقالي

rosa

وردي

vermelho

أحمر

lilás

بنفسجي

azul

أزرق

verde

أخضر

marrom

بنّي

cinza

رمادي

preto

أسود

muito / pouco

كثير / قليل

furioso / tranquilo

غضبان / هادئ

lindo / feio

جميل / قبيح

começo / fim

بداية / نهاية

grande / pequeno

كبير / صغير

claro / escuro

فاتح / قاتم

irmão / irmã

أخ / أخت

limpo / sujo

نظيف / وسخ

completo / incompleto

كامل / ناقص

dia / noite

نهار / ليل

morto / vivo

ميت / حيّ

largo / estreito

عريض / ضيّق

comestível / não comestível

صالح للأكل / غير صالح

mau / gentil

شرّير / لطيف

entusiasmado / entediado

مثير / ممل

gordo / magro

سمين / نحيف

primeiro / último

أولا / أخيراً

amigo / inimigo

صديق / عدو

cheio / vazio

مليء / فارغ

duro / macio

صلب / لين

pesado / leve

ثقيل / خفيف

fome / sede

جوع / عطش

doente / saudável

مريض / صحيح

ilegal / legal

غير شرعي / شرعي

inteligente / idiota

ذكي / غبي

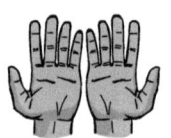

esquerda / direita

يسار / يمين

perto / longe

قريب / بعيد

novo / usado

جديد / مستعمل

nada / alguma coisa

لا شيء / بعض الشيء

velho / jovem

مسن / شاب

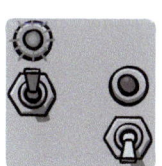

ligado / desligado

يشعل / يطفئ

aberto / fechado

مفتوح / مغلق

baixo / alto

خافت / عالٍ

rico / pobre

غني / فقير

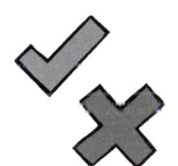

certo / errado

صح / خطأ

áspero / liso

أحرش / املس

triste / feliz

حزين / سعيد

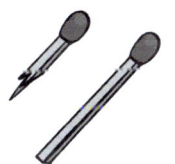

curto / longo

قصير / طويل

lento / rápido

بطيء / سريع

molhado / seco

مبلول / جاف

ameno / fresco

ساخن / بارد

guerra / paz

حرب / سلم

0

zero

صفر

1

um

واحد

2

dois

اثنان

3

três

ثلاثة

4

quatro

أربعة

5

cinco

خمسة

6

seis

ستة

7

sete

سبعة

8

oito

ثمانية

9

nove

تسعة

10

dez

عشرة

11

onze

أحد عشر

12

doze

اثنا عشر

13

treze

ثلاثة عشر

14

quatorze

أربعة عشر

15

quinze

خمسة عشر

16

dezesseis

ستة عشر

17

dezessete

سبعة عشر

18

dezoito

ثمانية عشر

19

dezenove

تسعة عشر

20

vinte

عشرون

100

cem

مائة

1.000

mil

ألف

1.000.000

milhão

مليون

inglês

الإنكليزية

inglês americano

الإنكليزية الأمريكية

chinês mandarim

لغة ماندارين الصينية

hindi

الهندية

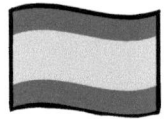

espanhol

الإسبانية

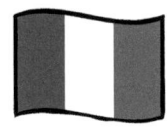

francês

الفرنسية

árabe

العربية

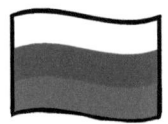

russo

الروسية

português

البرتغالية

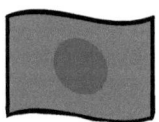

bengalês

البنغالية

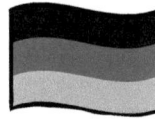

alemão

الألمانية

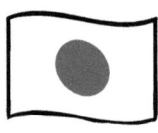

japonês

اليابانية

eu

أنا

você

أنت

ele / ela

هو / هي

nós

نحن

vocês

أنتم

eles / elas

هم

quem?

من؟

O quê?

ماذا؟

como?

كيف؟

onde?

أين؟

Quando?

متى؟

nome

اسم

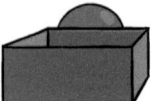

atrás

خلف

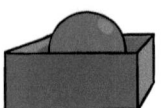

em

في

na frente de

أمام

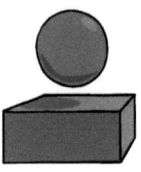

sobre

فوق

em cima

على

debaixo

تحت

do lado

جنب

entre

بين

lugar

مكان